SOMMAIRE

© Éditions Je réussis
1778 route de la Gaggière, 06260 La Penne
Dépot légal: D/2014/9685/38 - ISBN: 978 -2-87546-151-3 EAN:9782875461513
Imprimé en Europe.
 Sous la direction d'A.J. Le Clercq.

LES PRONOMS POSSESSIFS ET DÉMONSTRATIFS

1 **Complète le tableau des pronoms possessifs.**

Masculin	Féminin
le mien – ______	______ – les miennes
______ – les tiens	la tienne ______
le sien – ______	______ – les siennes
______ – les nôtres	la nôtre – ______
le vôtre – ______	______ – les vôtres
______ – les leurs	la leur ______

2 **Complète le tableau des pronoms démonstratifs.**

Masculin	Féminin	Neutre
celui	______	ce
______	celles	______
celui-là	______	______
______	celle-ci	ça
______	celles-ci	
ceux-là	______	c'

3 **Souligne les pronoms possessifs et encercle les pronoms démonstratifs des phrases suivantes.**

a) Même si ces croquis n'étaient pas les miens, je me réjouissais à l'idée que les créations seraient les nôtres.

b) Cette exposition me plaît davantage que celle de l'année dernière.

c) Je parlais à ceux qui ne m'écoutaient pas et cela m'attrista.

d) Ces fleurs sont magnifiques, mais celle-ci n'est pas la vôtre.

e) J'ai pesté fort contre ces lunettes avant de comprendre que c'étaient les tiennes.

f) Celui qui boira mon chocolat me donnera le sien.

4 **Relie les éléments qui vont ensemble.**

	• eux qui ont gagné.
C'est •	• toi qui as gagné.
Ce sont •	• elles qui ont gagné.
	• lui qui a gagné.

LES PRONOMS RELATIFS

Qui, que, quoi, dont, où,
lequel, duquel, auquel,
sont des pronoms relatifs

Le pronom relatif qui a la fonction sujet, donne au verbe la personne, le genre et le nombre de son antécédent.

Le mot remplacé **se nomme antécédent.**

Le pronom relatif a le même genre et le même nombre que son antécédent.

ANTÉCÉDENTS

PRONOM RELATIF

1 **Dans le texte suivant, souligne les pronoms relatifs et relie-les par une flèche à leur antécédent.**

Je souffre d'une maladie dont on guérit difficilement : la passion de la photo. Bien qu'elle soit encombrante et sérieuse, je la suis partout où elle me mène. C'est elle qui m'a conduit dans ce champ terne, duquel je ne peux rien tirer de bon. Les arbres, dénudés comme des bananes sans pelure, grelottent sous une pluie glacée, laquelle me transperce la peau, que j'ai plutôt sensible. Mais je reste là, transi ; il y a des émotions auxquelles je fais confiance depuis longtemps. Voilà, un arc-en-ciel splendide apparaît entre les nuages gris, desquels il semble tirer toute sa luminosité. Le déclic de l'appareil me fait l'effet d'une caresse au cœur. En revenant vers la maison, j'aperçois mon père, trempé, tenant sous son parapluie une toile sur laquelle figure un croquis de l'arc-en-ciel que je viens de croquer. La maladie dont je souffre est héréditaire...

2 Complète les phrases par les pronoms relatifs **que** ou **dont**.

Le pronom **dont** répond aux questions **de quoi?** ou **de qui?** **Exemple:** L'outil dont tu te sers n'est pas adéquat. tu te sers de quoi? de dont (mis pour **l'outil**)	Le pronom **que** répond aux questions **quoi?** ou **qui?** **Exemple:** L'outil que tu utilises n'est pas adéquat. tu utilises **quoi?** que (mis pour **l'outil**)

a) Prends les livres __________ tu as besoin.

b) Prends les livres __________ tu veux.

c) La voiture __________ tu conduis est une antiquité.

d) La voiture __________ tu parles est une antiquité.

e) Le tableau __________ j'ai vu était celui d'un grand maître.

f) Le tableau __________ j'ai vu l'ébauche était celui d'un grand maître.

g) L'oiseau __________ vous observez le vol est un aigle des montagnes.

h) L'oiseau __________ vous observez est un aigle des montagnes.

LES ADVERBES

1 **Qui dit vrai ?**

a L'adverbe est un verbe qui commence par le préfixe **ad**.

b L'adverbe est un mot variable qui précise ou modifie le sens d'un verbe, d'un adjectif ou d'un autre adverbe.

c L'adverbe est un mot invariable qui précise ou modifie le sens d'un verbe, d'un adjectif ou d'un autre adverbe.

d L'adverbe est un mot invariable qui précise ou modifie le sens d'un pronom.

2 Trace les flèches qui conviennent entre les deux colonnes.

trop •	
lentement •	• adverbe de quantité
beaucoup •	• adverbe de lieu
jamais •	• adverbe de temps
maintenant •	• adverbe de manière
partout •	

3 Remplace les mots soulignés par l'adverbe qui convient.

a Observer <u>avec attention</u>. ____________________

b Travailler <u>d'une manière adroite</u>. ____________________

c Se conduire <u>avec courage</u>. ____________________

d S'avancer <u>en silence</u>. ____________________

e Agir <u>avec malice</u>. ____________________

f Parler <u>avec douceur</u>. ____________________

4 **Raye les quatre intrus.**

heureusement	avancement	mollement
lentement	patiemment	manquement
renouvellement	drôlement	accidentellement
commencement	nerveusement	délicatement

5 **Entoure les adverbes dans les phrases suivantes.**

a L'inspecteur ralentit aussitôt le pas pour mieux entendre.

b Mes yeux suivaient vaguement les flammes du feu de camp.

c La couverture du livre était terriblement usée.

d La dame était vêtue d'une très longue tunique.

e Cette histoire est beaucoup trop compliquée.

f Elle a plutôt bien réagi à cette nouvelle.

g Mathieu est aussi aimable que son frère.

h Il se passe des choses vraiment bizarres derrière mon dos.

LES MOTS DE LIAISON

Les mots de liaison relient des mots ou des phrases. Certains indiquent le temps, l'addition, le but, la cause ou l'opposition.

1 **Relie par une flèche les mots de liaison au groupe de mots ou à la phrase qui convient pour former des phrases complètes.**

	ou	elle s'intéresse beaucoup à l'opéra.
a Léa veut devenir cantatrice	mais	technicienne en informatique.
	car	elle devra déménager à Montréal.

	mais	il aime y passer de longues heures.
b Hugo adore bricoler	et	sa journée de travail est terminée.
	lorsque	il est plutôt maladroit.

	parce qu'	son médecin le lui interdit.
c Rébecca ira en Espagne	même si	elle se sentira mieux.
	dès qu'	elle désire apprendre l'espagnol.

2 Classe dans le tableau les mots de liaison soulignés.

a) Il s'est construit un abri <u>avant que</u> la tempête ne commença.

b) Je te téléphonerai <u>dès que</u> je pourrai.

c) <u>Puisque</u> tu le prends comme cela, j'abandonne.

d) Chaque automne, le troupeau émigre vers le sud <u>et</u> cherche de la nourriture.

e) Jérémie écoutait <u>mais</u> il n'était pas d'accord.

f) Valérie est partie <u>pour que</u> tu prennes sa place.

g) J'irai te rejoindre <u>même si</u> j'ai mal aux pieds.

h) Les voitures avancent lentement <u>car</u> il pleut.

Temps	Addition	But	Cause	Opposition

LES PRÉPOSITIONS

La préposition est un mot invariable qui relie un complément au mot complété. C'est un mot de liaison.

Exemple :
Estelle marche **dans** la rue.
Tom écoute **avec** attention.
Lali pense **à** ses vacances.
Le chien **de** mes voisins

Principales prépositions
à, après, avec, chez, contre, dans, de, depuis, devant, en, derrière, entre, hors, pour, par, jusque, parmi, pendant, près de, sans, sous, sur, vers,...

1 **Ajoute la préposition qui convient.**

La fille ________ mes voisins vit ________ ses grand-parents. Il se dirige ________ la salle ________ manger. Nous nous réunissons ________ la cour ________ jouer. Les buis sont plantés ________ les parterres ________ fleurs.

2 **Complète les phrases avec le complément demandé. Entoure la préposition que tu utilises.**

a) Je copie ma dictée (C. Man.) ______________________

b) Tu ranges tes vêtements (C. Lieu) ______________________

c) (C. Temps) ______________________ j'irai (C. Lieu) ______________________

LA CONJONCTION DE COORDINATION

Observe.
Lou **et** Victoria sont amies.
Je bois du lait **ou** du café.
Tom n'est pas bavard **ni** impoli.
Il viendra **car** il fait beau.

Mais, ou, et, donc, or, ni, car,
sont des mots invariables qui servent
à **unir** deux noms, deux pronoms,
deux adjectifs, deux phrases ...
de même nature et de même fonction.
Ce sont des conjonctions de coordination.

1 **Remplace le tiret par la conjonction de coordination qui convient.**

a) Nous partirons en avion ________ nous prendrons le train.

b) La météo annonce une belle journée ________ je ne prends pas mon imperméable.

c) Suivez-moi _____ je vous indiquerai un endroit formidable pour pêcher.

d) Grand-mère a conservé une bonne vue ________ elle devient dure d'oreille.

e) Je préfère les fruits sauvages ________ ce sont les plus parfumés.

LES CLASSES DE MOTS

Il existe différentes classes de mots : les noms, les verbes, les adjectifs, les déterminants, les pronoms...

1 **Écris à quelle classe appartiennent les mots soulignés.**

Un jour, un magicien arriva et sortit une flûte magique. Il réussit à attirer les rats hors de la ville.

Le maire lui refusa la récompense promise et les enfants se moquèrent de lui.

Il les entraîna dans une grotte qui se referma doucement après leur passage. Celle-ci resta fermée à jamais.

Jour : ______________________

un : ______________________

arriva : ______________________

et : ______________________

magique : ______________________

les : ______________________

hors de : ______________________

se moquèrent : ______________________

lui : ______________________

il : ______________________

les : ______________________

dans : ______________________

qui : ______________________

se referma : ______________________

doucement : ______________________

après : ______________________

leur : ______________________

celle-ci : ______________________

fermée : ______________________

à : ______________________

LES QUATRE TYPES DE PHRASES

1 **Associe chaque type de phrase (A, B, C, D) à sa définition (1, 2, 3, 4).**

A) Phrase déclarative — 1) Elle donne un ordre ou un conseil.

B) Phrase interrogative — 2) Elle énonce un fait, un état ou une idée.

C) Phrase exclamative — 3) Elle exprime une question.

D) Phrase impérative — 4) Elle exprime une vive émotion.

_________ _________ _________ _________

2 **Dans les parenthèses, écris A pour les phrases déclaratives, B pour les phrases interrogatives, C pour les phrases exclamatives et D pour les phrases impératives.**

a Ne prenez pas mes ciseaux. (____)

b Quel est ce bruit étrange derrière la porte ? (____)

c Cessez donc de m'importuner ! (____)

d Elle refuse catégoriquement de sortir après vingt heures. (____)

e Personne n'est venu pendant votre absence. (____)

f Il est complètement fou, ce chien ! (____)

g N'y a-t-il pas un gardien de nuit dans cet immeuble ? (____)

h Aucun d'eux ne saura la satisfaire. (____)

i Mais tu ne connais rien à la cuisine ! (____)

j Ce n'est certainement pas la bonne façon de me convaincre ! (____)

LES FORMES DE PHRASES
LA FORME AFFIRMATIVE ET LA FORME NÉGATIVE

1 **Réécris les phrases déclaratives suivantes à la forme affirmative. Attention ! Le sens des phrases doit rester le même.**

Exemple : Les gens de ce quartier ne sont pas riches.
Les gens de ce quartier sont pauvres.

a Ses explications n'étaient pas simples.

____.

b Ton histoire n'était pas cohérente.

____.

c Ariel n'est jamais là quand on a besoin de lui.

____.

d Ce sentier n'est pas accessible pendant l'hiver.

____.

e Le trajet qu'il nous a dessiné n'est pas précis.

____.

LA FORME ACTIVE ET LA FORME PASSIVE

Le chien est poursuivi par le chat.
Le chien poursuit le chat.
Le chat est poursuivi par le chien.
Le chat poursuit le chien.

1 **Recopie les deux phrases qui conviennent.**

a ______________________________

b ______________________________

2 **Recopie les deux phrases qui ne conviennent pas.**

a ______________________________

b ______________________________

Observe !

GS Le chien poursuit le chat ↓ Le sujet fait l'action **Phrase active**	Le chat est poursuivi par le chien ↓ Le sujet subit l'action **Phrase passive**

Le verbe passif est formé du verbe **être** conjugué et du **participe passé** du verbe actif.

Exemple : On <u>opère</u> la fillette (V. actif) — La fillette <u>est opérée</u> (V. passif)

3 **Mets une croix dans la colonne correspondante.**

	Voix active	Voix passive
a L'herbe est recouverte par la rosée.		
b Le chasseur regarde le lièvre.		
c Le juge condamne les voleurs.		
d Le brochet est pêché par l'enfant.		
e Le lion chasse l'antilope.		

4 **Souligne en rouge le sujet qui fait l'action et en bleu le sujet qui subit l'action.**

a Des camions sont passés par cette route.

b Ces enfants sont protégés par ce vaccin.

c Mes parents sont venus en train.

d Ces voitures gênent la circulation.

e La pièce était chauffée par deux radiateurs.

5 **Effectue la transformation passive après avoir reconnu le complément direct.**

Exemple : Le lustre éclaire **la chambre**. (C.D.)

La chambre (G.S.) est éclairée par le lustre.

a Le médecin prescrit des antibiotiques.

____

b Le vent secoue les branches.

____

c La tour de contrôle guide les avions.

____

6 **Retrouve la phrase active correspondante après avoir reconnu le complément d'agent.**

Exemple : Le blessé est transporté **par l'ambulance**. (c. d'agent)

L'ambulance (G.S.) transporte le blessé.

a La France est séparée de l'Italie par les Alpes.

____

b Le sang est filtré par les reins.

____

c Beaucoup d'accidents sont provoqués par des conducteurs négligents.

____

d Le bateau est emporté par les courants.

____

PHRASES NEUTRES OU EMPHATIQUES

a. « Martine est allée jouer avec Charline. »
Il s'agit d'une **phrase neutre**, aucun élément n'est mis en évidence.

b. « **C'est** Martine **qui** est allée jouer avec Charline. »
« **Charline**, elle, l'attend. »
« **Voici** l'amie qui l'attend. »
« **Voilà** l'amie qui l'attend. »
Il s'agit de **phrases emphatiques**, un élément de la phrase est mis en évidence.

1 **Souligne 1 fois les phrases neutres et 2 fois les phrases emphatiques.**

a) Mais oui, cette voiture a démoli notre barrière !
b) Voici le poste de radio que Marc a réparé.
c) C'est le jouet que tu as cassé.
d) Mes parents préfèrent les vacances à la montagne.
e) C'est au théâtre que je préfère aller.
f) Ce mois-ci, nous irons camper en Bretagne.

2 **Recopie ces phrases en les rendant emphatiques en insistant d'abord sur le sujet puis sur un des compléments.**

a Mes amis viendront voir le match avec moi.

1) ______________________________

2) ______________________________

b Ce vieil homme nous a raconté une histoire de son temps.

1) ______________________________

2) ______________________________

3 **Rends ces phrases neutres.**

a C'est avec mon ami que j'ai construit cette cabane.

____

b Voici l'armoire qui a été restaurée par cet antiquaire.

____

c Voilà les résultats que tu m'as demandés.

____

d C'est ce jour-là que mes parents sont revenus de vacances.

____

4 **Invente des phrases en insistant :**

a Sur le sujet : ______________________________

b Sur le verbe : ______________________________

c Sur le complément : ______________________________

d Sur le C.D. : ______________________________

e Sur le C.I. : ______________________________

TYPES ET FORMES DE LA PHRASE

1 **Complète les colonnes par : déc. – int. – imp. pour le type et aff. – nég. – act. – pas. – n. – emph. pour les formes.**

a. Ma petite sœur a cassé un vase.
b. Le vase n'a pas été cassé par ma petite sœur.
c. C'est un vase que ma petite sœur a cassé.
d. Est-ce un vase que ma petite sœur a cassé ?
e. Ma petite sœur n'a pas cassé un vase.
f. Un vase a été cassé par ma petite sœur.
g. Voici le vase qui a été cassé par ma petite sœur.
h. Est-ce ma petite sœur qui a cassé un vase ?
i. C'est un vase qui n'a pas été cassé par ma petite sœur.

	Types	Formes		
a	______	______	______	______
b	______	______	______	______
c	______	______	______	______
d	______	______	______	______
e	______	______	______	______
f	______	______	______	______
g	______	______	______	______
h	______	______	______	______
i	______	______	______	______

PHRASES D'ACTION ET PHRASES D'ÉTAT

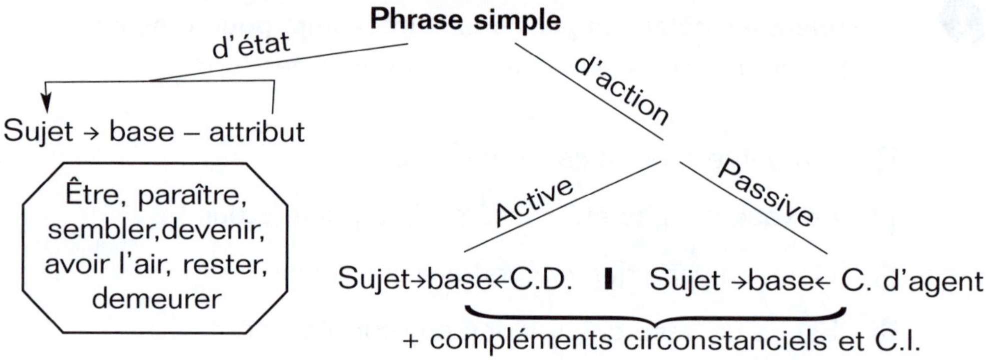

1 **Dans ces phrases**

1. Souligne le sujet en bleu.

2. Ecris sous chacune d'elles « E » si c'est une phrase d'état.
« A » si c'est une phrase active.
« P » si c'est une phrase passive.

a) Le temps devient vraiment froid.

b) Les fleurs éclosent dans les champs.

______ ______

c) La campagne est recouverte par un brouillard épais.

______ ______

d) Dans le ciel, quelques nuages demeurent.

______

e) Tout redevient immobile.

______ ______

PHRASES SIMPLES ET PHRASES COMPOSÉES

Dans deux mois, nous irons en excursion.

→ **phrase simple car il n'y a qu'un seul verbe conjugué.**

Cette jeune fille chante et je l'écoute car elle a une superbe voix.

→ **phrase composée car il y a plusieurs verbes conjugués.**

1 **Analyse cette phrase composée.**

Louis travaille avec soin car il prend son temps.

Gr. Sujet	Gr. Verbe	Gr. Complément
______________	______________	______________
______________	______________	______________

2 **Ecris en les séparant par un point les 2 phrases simples qui composent chaque phrase que voici.**

a Ce jeu convient aux enfants et aux adultes.

____

b Ma montre indique les minutes et les secondes.

____

c Le garagiste téléphone à son fournisseur et commande des plaquettes de freins.

____

____

3 Voici deux phrases. Réunis-les en une seule.

a Les parents sont partis en voiture. Les enfants sont partis à pied.

____

b Le technicien a réparé la machine à lessiver. Le technicien a réparé la radio.

____

____

c Le professeur parle aux élèves. Le professeur parle aux parents.

____

d Le gardien de but plonge trop tard. Le gardien de but rate le ballon.

____

____

e La voiture a dérapé dans le virage. La voiture a glissé dans le virage.

____

____

LA PROPOSITION INDÉPENDANTE

a. **Les enfants <u>jouent</u> dans la cour.**

un verbe conjugué = une proposition

La proposition est complète, ne dépend de rien et rien ne dépend d'elle.

C'est une **proposition indépendante**.

b. **Les enfants jouent dans la cour : ils <u>sont</u> contents car le panneau de basket <u>est réparé</u>.**

trois verbes conjugués = trois propositions.

Ces 3 propositions sont complètes, elles ne dépendent pas les unes des autres.

Ce sont des **propositions indépendantes**.

PREUVE

1 **Sépare la phrase en trois phrases simples, en trois propositions.**

Les enfants jouent dans la cour : ils sont contents car le panneau de basket est réparé.

a ____________________

b ____________________

c ____________________

Lorsqu'il y a plusieurs propositions indépendantes dans une même phrase, elles sont unies :

- par une virgule, un point-virgule, deux points
- par une conjonction de coordination

mais - ou - et - donc - or - ni - car

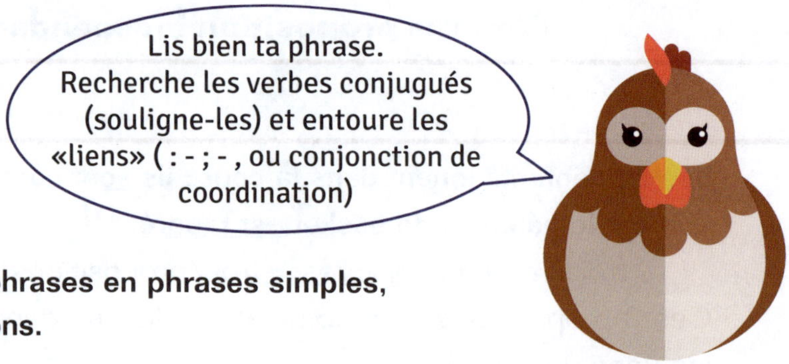

2 **Sépare ces phrases en phrases simples, en propositions.**

a Laure feuilletait un album de photos et Pierre regardait la télévision.

____

____

____

b J'ai terminé mon devoir donc je peux aller chez mon ami car il a reçu un nouveau jeu.

____

____

____

c Le facteur effectue sa tournée mais il ne s'arrête pas car il a encore beaucoup de travail.

____

____

____

ACTIONS SUCCESSIVES ET SIMULTANÉES

Dans une phrase, il peut y avoir plusieurs actions (verbes).

Si des actions se déroulent **en même temps**, elles sont **simultanées** et sont conjuguées **aux mêmes temps**.

Exemple : Pendant que papa **lavait** (Imparfait) sa voiture, maman **repassait** (Imparfait).

Si des actions se suivent **dans le temps**, elles sont **successives** et sont conjuguées **à des temps différents**.

Exemple : Quand maman **a fini** (Passé composé) la vaisselle, elle **repasse** (Présent) le linge.

1 **Inscris une croix dans la colonne qui convient.**

	succ.	sim.
a Pendant que Daphné lit un livre, Lou regarde la télévision.	______	______
b Mes parents m'emmènent au cinéma parce que j'ai un beau bulletin.	______	______
c Nous mangerons nos pâtes pendant que maman cuira la viande.	______	______
d Paul joue quand tous ses devoirs sont enfin terminés.	______	______
e Quand les bûcherons ont abattu un arbre, ils en coupent les branches.	______	______

2 **Dans quel ordre se déroulent les actions ? Numérote-les.**

Exemple : Lorsque vous serez rentrés, nous souperons.
1 2

a. Tu boiras le thé que Louise vient de te servir.

b. J'ai reçu de l'argent et je l'ai glissé dans mon portefeuille.

c. Parce qu'il avait neigé, les voitures roulaient au pas.

d. Lorsque le vigile arrivait, ils couraient se cacher.

3 **Invente des phrases à actions successives.**

a. Dès que la voiture est entrée dans le garage, ____________________

____

b. Lorsque l'instituteur ____

____

c. Dès que ____

____

4 **Invente des phrases à actions simultanées.**

a. En utilisant le présent de l'indicatif.

____

____

b. En utilisant un autre temps de ton choix.

____

____

LA CONCORDANCE DES TEMPS
TEMPS SIMPLES ET TEMPS COMPOSÉS

1 **Transforme les verbes suivants en les conjuguant au temps composé correspondant. Note les temps comme dans l'exemple.**

Exemple : Il écoute → il a écouté (présent – passé composé)

a Ils jouaient → ______________________

b Tu regarderas → ______________________

c Elle avança → ______________________

d Nous commençons → ______________________

e Vous déjeunerez → ______________________

2 **Écris quatre phrases en utilisant les étiquettes suivantes. Respecte la concordance des temps.**

Les enfants	joueront	dès que la cloche	a sonné
	jouaient		avait sonné
	jouèrent		aura sonné
	jouent		eut sonné

a ______________________

b ______________________

c ______________________

d ______________________

____

3 **Réécris les phrases suivantes en les transposant dans le futur.**

a. Le chat miaulait dès qu'il avait senti son plat de nourriture.

____

b. Elle reçoit la lettre que nous lui avons envoyée.

____

c. Tu gagnes cette partie car ton adversaire ne s'est pas concentré.

____

4 **Réécris les phrases suivantes en les transposant dans le passé.**

a. Elle mange la tarte que nous avons cuisinée.

____

b. Lorsque Maurice aura lu ce livre, il en parlera pendant plusieurs jours.

____

c. Je me calme dès que tu as cessé tes bêtises.

____

5 **Complète les phrases en ajoutant un verbe conjugué à un temps composé.**

a. Ma grand-mère vous rappelle dès que ______________________________

____

b. La voiture démarra quand ______________________________

____

c. Ce chien n'entrera pas tant que ______________________________

____

d. Le public attendait patiemment quand ______________________________

____

LE PARTICIPE PRÉSENT

Le participe présent est une **forme verbale invariable** se terminant par **–ant**.
Exemple : Je regarde les enfants **jouant** dans la cour.

1 **Transforme les phrases selon l'exemple.**

Exemple : Mes amis ont écouté un musicien **qui jouait** une symphonie.
Mes amis ont écouté un musicien **jouant** une symphonie.

a J'attends le car qui vient du centre-ville.

____

b Il écoute sa mère qui raconte une histoire.

____

c Lou préfère les glaçons qui ont un goût sucré.

____

2 **Écris le participe présent des verbes suivants.**

a faire → ______________

b prendre → ______________

c mettre → ______________

d être → ______________

e pouvoir → ______________

f finir → ______________

g avoir → ______________

h nettoyer → ______________

i aller → ______________

j boire → ______________

LA CONJUGAISON DES VERBES EN -ER (COMME AIMER)

1 **Indique par le chiffre correspondant le temps et le mode de chaque verbe.**

1 = Indicatif présent
2 = Indicatif imparfait
3 = Indicatif passé simple
4 = Indicatif passé composé
5 = Indicatif futur simple
6 = Impératif présent
7 = Subjonctif présent
8 = Conditionnel présent

Ils jouent ____
Nous travaillions ____
Elle posa ____
Nous avons changé ____
Tu achèterais ____
J'ai boudé ____
Parle ____
Il arriva ____
Nous terminerions ____
Vous avez aimé ____
Tu as gagné ____
Je chanterai ____
Vous copiiez ____
Ils éveilleraient ____
Il semait ____

Je suis arrivé ____
Tu nageras ____
J'arrivais ____
Ils rêvèrent ____
Tu paraderas ____
Que vous chantiez ____

Les verbes terminés par -er (sauf aller) se conjuguent comme aimer.

2 Écris les verbes entre parenthèses au temps demandé.

a) Les loups (hurler, indicatif passé composé) ____________________ toute la nuit.

b) Nous (patiner, indicatif passé composé) ____________________ hier soir.

c) Est-ce que tu m'(aider, indicatif futur simple) ____________________ à finir ce casse-tête ?

d) Les moutons (bêler, indicatif imparfait) ____________________ d'impatience.

e) Vous (jouer, indicatif imparfait) ____________________ au hockey.

f) Il faut qu'ils (chanter, subjonctif présent) ____________________ avec nous.

g) J'(acheter, indicatif futur simple) ____________________ de la crème glacée.

h) Si je pouvais, je me (réveiller, conditionnel présent) ____________________ avant toi.

i) Ils (arriver, indicatif passé simple) ____________________ très en retard.

j) Nous (terminer, indicatif futur simple) ____________________ demain.

LA CONJUGAISON DES VERBES EN - IR COMME FINIR

1 **Indique par le chiffre correspondant le temps et le mode de chaque verbe.**

- **a** Je chérissais (____)
- **b** Nous finissions (____)
- **c** Tu réussis (____)
- **d** Ils réussirent (____)
- **e** Ils ont bâti (____)
- **f** J'ai bâti (____)
- **g** Nous avons péri (____)
- **h** Il périra (____)
- **i** Tu applaudiras (____)
- **j** J'applaudirai (____)
- **k** Vous finissiez (____)
- **l** Je finissais (____)
- **m** Je garnirai (____)
- **n** Ils garniront (____)
- **o** Réfléchis (____)
- **p** Réfléchissez (____)
- **q** Je guérirais (____)
- **r** Nous guéririons (____)
- **s** Que tu pâlisses (____)
- **t** Que vous pâlissiez (____)

(1) Indicatif présent
(2) Indicatif imparfait
(3) Indicatif passé simple
(4) Indicatif passé composé
(5) Indicatif futur simple
(6) Impératif présent
(7) Subjonctif présent
(8) conditionnel présent)

2 **Écris le verbe entre parenthèses au temps demandé.**

a) J'attends que tu (guérir, subjonctif présent) ____________.

b) Ils (applaudir, indicatif passé composé) ____________ très fort.

c) Vous, ne (salir, impératif présent) ____________ pas mon plancher !

d) Tu (réfléchir, indicatif futur simple) ____________ plus longtemps.

e) Mathilde (chérir, indicatif imparfait) ____________ son chat.

f) Elle (rougir, indicatif passé composé) ____________ de plaisir.

g) Ils (finir, indicatif passé simple) ____________ la partie.

h) Il faudrait que nous (bâtir, subjonctif présent) ____________ une nouvelle maison.

i) Il (se sentir, indicatif futur simple) ____________ mieux quand il aura réussi son examen.

j) Ton chocolat (refroidir, indicatif futur simple) ____________ plus vite.

k) Tu (finir, indicatif passé composé) ____________ de manger tes frites.

LA CONJUGAISON DES AUTRES VERBES

1 **Écris l'infinitif, la personne, le mode et le temps de chaque verbe.**

Exemple : Je suis venu → venir, 1re personne du singulier, indicatif passé composé.

Tu devras ____________________

Il pourrait ____________________

J'ai su ____________________

Je voudrais ____________________

Qu'ils partent ____________________

Il prit ____________________

Ils virent ____________________

2 **Écris les verbes entre parenthèses au temps demandé.**

a) Gabriel (partir, indicatif passé composé) ____________ avant moi.

b) Nous (voir, indicatif futur simple) ____________ arriver la tempête.

c) Nous (recevoir, indicatif passé composé) ____________ des fleurs.

d) Tu (devoir, conditionnel présent) ____________ venir.

e) Je ne crois pas qu'il (vouloir, subjonctif présent) ____________.

f) Je te (rendre, indicatif présent) ____________ mon tablier !

LE COMPLÉMENT DU NOM

Le complément du nom donne une information supplémentaire sur le nom : l'appartenance, l'utilisation, l'apparence, le contenu, la matière...

J'ouvre une boîte de petits pois.

Compl. du nom boîte

Le complément du nom est directement relié au nom par une préposition (à, de, avec, pour, ...)

Il peut être :

- **un nom** : le crochet du capitaine.
- **un groupe nominal** : le chien du vieil homme aveugle.
- **un verbe à l'infinitif** : la planche à repasser.
- **un adverbe** : les airs d'autrefois.

N'oublie pas : le verbe s'accorde avec le nom principal (centre) du groupe nominal sujet.

La boîte de petits pois est ouverte.

1 Remplace l'adjectif par un nom complément du nom.

Exemple : La lumière solaire → la lumière du soleil.

a) Une voix enfantine → ________________

b) Des cris joyeux → ________________

c) Le carnaval vénitien → ________________

d) La crise pétrolière → ________________

e) Une fête villageoise → ________________

f) Ma gymnastique matinale → ________________

2 **Souligne les compléments du nom. Indique, par une flèche, le nom central du groupe nominal.**

a Le soleil du matin illumine le milieu de la pièce.

b C'est le premier jour de l'été que je l'ai rencontré.

c Tous les élèves de cinquième année sont partis.

d Les habitants du village étaient plongés en plein conflit.

e Gabriel admirait le défilé des chevaliers.

f Il est passé par un trou de souris.

g Sa maison se trouvait à l'orée du bois.

h Ils nous ont lancé des tartes à la crème.

i Dans la pénombre des arbres, la silhouette de l'homme semble menaçante.

LE GROUPE SUJET

Dans une phrase, le **groupe sujet** (GS) répond à la question **qui est-ce qui ?** ou **qu'est-ce qui ?** posée avant le verbe.
Le groupe sujet (GS) peut être un pronom, un nom propre, un groupe du nom, un verbe à l'infinitif.

Quand le GS est un pronom,
le <u>centre</u> du GS est le pronom. Exemple : <u>**Je**</u> chante.

Quand le GS est un nom propre,
le <u>centre</u> du GS est le nom propre. Exemple : <u>**Marie**</u> chante.

Quand le GS est un groupe du nom,
le <u>centre</u> du GS est le nom. Exemple : **Ta <u>sœur</u>** chante

Quand le GS est constitué de plusieurs groupes du nom reliés par **et**, le <u>centre</u> est constitué de plusieurs noms. Exemple : **Ta <u>sœur</u> et ton <u>frère</u>** chantent.

Quand le GS est un verbe à l'infinitif,
le <u>centre</u> du GS est le verbe à l'infinitif. Exemple : <u>**Chanter**</u> rend joyeux.

1 **Entoure le groupe sujet des verbes en gras et souligne le centre.**

a) Les voyageurs en transit **sont** priés de se présenter à la porte B.

b) La sœur de Pierre et Paul **arrive** demain.

c) Félix et Antoine vous **remercient** de les avoir aidés.

d) Je **pense** que tu me **racontes** des histoires.

e) Est-ce que ton frère **viendra** ?

f) Une femme en manteau noir **disparut** à l'angle de la rue.

2 Encadre le sujet s'il est inversé.

a Dans certaines régions de France, quand l'automne arrive, tout le monde se prépare pour les vendanges.

b Dès qu'arrive le vent d'octobre, les talus sont parsemés de marrons et de châtaignes.

c Que mangerez-vous ce soir ?

d A nos pieds tombent les premières pommes.

e Heureux étaient nos parents quand nous revenions avec de beaux résultats.

3 Une même phrase pour des sujets différents.
Le sujet est :

a
un nom propre → ______________________
un pronom → ______________________
un groupe nominal → ______________________
} construit un barrage

b
un nom et un complément du nom → ______________________
un nom → ______________________
une proposition → ______________________
} prend beaucoup de temps

c
un pronom → ______________________
une proposition → ______________________
un groupe nominal → ______________________
} cuisinent merveilleusement bien

LE GROUPE DU VERBE

Le **groupe du verbe** (GV) est un verbe conjugué ou un groupe de mots dont le noyau est un **verbe conjugué**.

Le GV peut contenir :

un verbe conjugué seul	Exemple : Tu **écris**.
un verbe conjugué + un adverbe	Exemple : Tu **écris souvent**.
un verbe conjugué + un complément direct	Exemple : Tu **écris une lettre**.
un verbe conjugué + un complément indirect	Exemple : Tu **écris à ton père**.
un verbe conjugué + un attribut	Exemple : Tu **es écrivain**.

1 **Entoure le groupe du verbe et souligne son centre (le verbe conjugué).**

a) Marianne m'accompagnera au cinéma.

b) Il a fait une faute d'orthographe.

c) Matthieu s'enfuit à toute allure.

d) La voisine de Gaston est trompettiste.

e) Emmanuel et son frère parlent trop fort.

f) La semaine prochaine, je téléphonerai à mes cousins.

g) Agathe perd toujours ses lunettes.

h) Après la partie, notre entraîneur nous a fait un long discours.

L'ACCORD DU VERBE

Le **sujet** (c'est-à-dire le noyau du GS) donne au verbe sa personne et son nombre.

Quand le sujet est au singulier, le verbe se met au singulier.	Exemple : Un **garçon** marche.
Quand le sujet est au pluriel, le verbe se met au pluriel.	Exemple : Des **garçons** marche**nt**.
Quand le sujet est constitué de plusieurs noms, le verbe se met au pluriel.	Exemple : Un **garçon** et sa **sœur** marche**nt**.

1 **Entoure le groupe sujet et souligne son noyau, puis accorde le verbe entre parenthèses à l'indicatif présent.**

a Maxime les (observer) ____________________ attentivement.

b Les gens du village (parler) ____________________ souvent des voyous qui volent les pauvres paysans.

c La femme et son mari (marmonner) ____________________ constamment.

d Nous vous (rappeler) ____________________ pour vous donner l'heure du rendez-vous.

e Je vous les (recommander) ____________________, ils sont tout à fait charmants !

f Monsieur Legigôt, vêtu d'un sarrau blanc, (songer) ____________________ à l'incident étrange.

LE GROUPE SUJET PLACÉ APRÈS LE VERBE

1 **Entoure le groupe sujet, souligne son noyau, puis accorde le verbe entre parenthèses au temps demandé.**

a) Soudain, d'un coin de la cuisine (surgir, indicatif passé simple) ____________________ des milliers de petites araignées, trottant allègrement sur les carreaux.

b) De ces fleurs bleues (monter, indicatif imparfait) ____________________ un parfum exquis.

c) Que (vouloir, indicatif présent) ____________________-vous insinuer par là ?

d) Tout à coup, de derrière un buisson (jaillir, indicatif passé simple) ____________________ un étrange petit lézard.

e) Prends un coussin, (dire, indicatif présent) ____________________ Marine, et assieds-toi par terre.

f) Peut-être (partir, indicatif futur simple) ____________________-nous demain.

g) Dans ses yeux (briller, indicatif imparfait) ____________________ une lueur de grande satisfaction.

h) Sur la grande table au centre de la pièce (s'amonceler, indicatif présent) ____________________ des plats aussi exotiques que savoureux.

LE PRONOM QUI, SUJET

1 **À l'aide d'un miroir, déchiffre la règle suivante et écris-la.**

Un verbe dont le sujet est le pronom **qui** reçoit sa personne et son nombre de l'antécédent* de **qui**.

*C'est-à-dire le mot remplacé par **qui**.

---

2 **Relie par une flèche le pronom qui à son antécédent puis au verbe dont il est le sujet.**

Voyez cette fourmi qui avance d'un pas pressé ! Observez ces deux petites branches qui se balancent au-dessus de sa tête. Ce sont ses antennes. Elles tâtent le sol qui se trouve sur sa route. En fait, ses antennes, qui sont composées de plusieurs sections, sont destinées à recevoir des messages de haute importance ! La section qui se trouve à la pointe de ses antennes détecte les odeurs de son nid, alors que la partie antérieure lui permet de déceler les odeurs de ses congénères. Il y a d'autres sections qui lui permettent d'évaluer le poids des choses à transporter, comme la nourriture et les bébés fourmis. Enfin, c'est la dernière section qui la conduit droit au bercail !

3 **Écris le verbe entre parenthèses au temps demandé.**

a Moi qui ______________ (être, indicatif présent) très gourmande, ne me laisse jamais entrer dans cette pâtisserie !

b Vous tous qui ______________ (avoir, indicatif présent) besoin de vêtements chauds, avancez !

c Les habitants qui ______________ (désirer, indicatif imparfait) en savoir plus long rompirent le silence.

d Toi qui ______________ (paraître, indicatif présent) toujours timide, tu es bien bavard aujourd'hui !

e Nous qui ______________ (respecter, indicatif passé composé) les règlements, nous voilà enfin récompensés !

4 **Écris le pronom personnel qui convient.**

a Ce sont __________ qui ont triché et c'est __________ qui suis puni !

b C'est __________ qui partons mais c'est __________ qui es impatient.

c C'est __________ qui ferez un gâteau et __________ qui le mangerons.

d C'est __________ qui était le plus beau.

LES COMPLÉMENTS DE VERBE

Les **compléments de verbe** appartiennent au groupe du verbe. Il y a deux sortes de compléments de verbe :

1. Les **compléments directs**, qui répondent aux questions **qui ?** ou **quoi ?** posées après le verbe.

Exemple : Je mange une pomme.

2. Les **compléments indirects** :

- Ceux qui répondent aux questions **à qui ? à quoi ? de qui ?** ou **de quoi ?** posées après le verbe.
  Exemple : Il parle à mon frère.
- Ceux qui répondent aux questions **où**, **comment**, **combien**, mais que l'on ne peut supprimer.
  Exemples : Je vais à Québec. Il mesure 2 mètres.

1 **Souligne les mots ou les groupes de mots compléments de verbe : les compléments directs en bleu, les compléments indirects en vert.**

a Mon cousin habite dans un château.

b Ils ont pris l'autobus à quatre heures devant l'hôtel de ville.

c Dès qu'il reviendra, je lui dirai ma façon de penser.

d Il se conduit comme un homme des cavernes.

e L'année dernière, je mesurais un mètre cinquante.

f Pour dissiper tout soupçon, son ami le força à mentir.

g Aussitôt revenue, Astrid téléphona à l'inspecteur.

h La fourrure du lièvre le protège du froid.

i Cette bicyclette coûte cinquante euros.

j Demain, je raconterai tout à Joseph.

k Je ne me souviens pas de lui.

l Ses collègues doutaient de sa bonne foi.

2 **Souligne le complément direct et inscris sa nature.**

a J'ai vu Louis à l'instant où il partait de chez Lou.

b Pour réparer sa moto, Marc a emprunté une clé anglaise.

c Comme Louis était ennuyé, papa l'a conseillé.

d Je ne crois pas que nous la verrons demain.

e Lorna espère devenir médecin.

f L'été dernier, nous avons planté de nouveaux rosiers.

g La couturière ajuste la robe que maman vient d'acheter.

3 **Souligne le complément direct et donne le pronom qui pourrait le remplacer.**

Exemple : Le chef de gare (l')a annoncé que le train serait en avance.
proposition

a Nous avons entendu Robert lors de son audition.

b Sa tante ignorait qu'il faisait si froid.

c Nous étudions plusieurs matières chaque jour.

d Hier, j'ai cru qu'il allait partir.

e Les parents se souviennent qu'étudier est difficile.

4 **Ce garçon la leur a écrite.**

a Invente deux groupes de mots pour remplacer les deux mots soulignés.

b Ajoute un complément de temps.

LES COMPLÉMENTS DE PHRASE

Les **compléments de phrase** complètent le sens de la phrase. Ils répondent aux questions **où ? quand ? comment ? pourquoi ?** posées après le groupe du verbe. Les compléments de phrase peuvent être **déplacés**, cela ne change pas le sens de la phrase; ils peuvent être **supprimés**, et la phrase garde toujours un sens.

Exemple : Je chante tous les matins.

Je chante quand ? Tous les matins.

« tous les matins » est un complément de phrase parce qu'on peut le déplacer (Tous les matins, je chante) et le supprimer (Je chante) et la phrase garde toujours un sens.

1 **Dans les phrases suivantes, les compléments du verbe et les compléments de phrase ont été soulignés. Entoure les compléments de phrase et indique leur nature.**

a Elle est allée à Paris le mois dernier.

b La semaine dernière, j'ai acheté une bicyclette.

c J'ai vu des dizaines d'oiseaux dans mon jardin.

d Dimanche, nous traverserons le fleuve.

e Pour te plaire, j'ai cueilli un bouquet de primevères.

f Noémie mit ses bottes et partit en pleine tempête de neige.

g J'ai retrouvé mon chat dans la cave.

h Sam a réveillé toute la maison en jouant de la clarinette.

i L'année dernière, je mesurais 1 m 60.

2 **Complète les phrases comme demandé.**

a ______________________ ______________________ des
c. de lieu c. de temps

voitures de touristes défilaient ______________________
c. de manière

b ______________________ le facteur passait
c. de cause

____
c. de temps

c ______________________ tu achèteras une
c. de condition

nouvelle mallette ______________________
c. de temps

d ______________________ je devrai ranger ma
c. de cause

chambre ______________________
c. de but

L'ATTRIBUT

Un adjectif qualificatif occupe la fonction d'attribut quand il est relié au sujet par un verbe d'état.
Il reçoit son genre et son nombre du sujet.

1 **Pour découvrir des verbes d'état, déchiffre les rébus.**

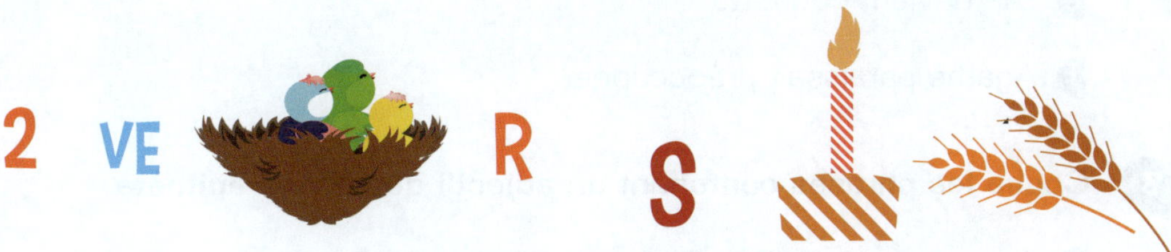

______________________ ______________________

______________________ ______________________

Un adjectif qualificatif placé à côté du nom (avant ou après) occupe la fonction d'épithète. Il fait partie du groupe nominal et s'accorde en genre et en nombre avec le nom (ou le pronom) qu'il qualifie.

2 **Souligne les attributs des phrases suivantes et relie-les au sujet par une flèche. Entoure le verbe d'état.**

Exemple : Elle est bonne, celle-là !

a Elles paraissent vieilles dans leur déguisement.

b La ville semblait déserte.

c Cette montagne est minuscule comparé au mont Everest.

d Vous êtes vaillants, mais vous êtes lents.

e Elle devient coquette.

f Agathe paraissait préoccupée.

3 **Coche les phrases contenant un adjectif qualificatif épithète.**

a Les jupes colorées plaisent beaucoup à Vicky.

b Mets ta veste pour sortir dans la rue !

c Quelle longue liste de courses, il faudra un grand panier !

d Ses cheveux blonds lui arrivent aux épaules.

L'ACCORD DU PARTICIPE PASSÉ EMPLOYÉ AVEC ÊTRE

Le participe passé employé avec **être** reçoit son genre et son nombre du **noyau** du groupe sujet.
Exemple : Les **carottes** sont **cuites**.

1 **Relie les éléments qui peuvent aller ensemble. Attention ! Dans certains cas, il y a deux possibilités.**

Je suis •	
Tu es •	• fâché
Il est •	• fâchée
Elle est •	• fâchés
Ils sont •	• fâchées
Elles sont •	

2 **Qui parle ?**

a « Je suis sortie hier. » •	• 1. Georges
b « Nous sommes sortis hier. » •	• 2. Gaston et Georges
c « Nous sommes sorties hier. » •	• 3. Georgette et Yvette
d « Moi aussi, je suis sorti hier. » •	• 4. Georgette

3 **À qui parlent-ils ?**

a « Tu es sorti, hier ? » •	• 1. à Georgette
b « Vous êtes sorties, hier ? » •	• 2. à Gaston et Georges
c « Tu es sortie hier ? » •	• 3. à Gaston
d « Vous êtes sortis, hier ? » •	• 4. à Georgette et Yvette

4 **Entoure le groupe sujet et souligne son noyau, puis accorde s'il y a lieu les participes passés.**

a) Elle est parti___ sans prévenir.

b) Les feuilles seront éparpillé___ par le vent.

c) Elle avait été éduqué___ en France.

d) Ils étaient parti___ au pas de course.

e) Si Hélène était venu___, elle se serait bien amusé___ .

f) Cette enfant pleure et désire être réconforté___ .

g) Gabrielle est devenu___ très sage.

h) Nous étions fatigué___ d'avoir marché si longtemps.

i) L'homme et la femme étaient vêtu___ de leurs plus beaux habits.

j) Les animaux furent ramené___ dans leur habitat naturel.

LE GENRE

1 **Complète les règles et les exemples.**

a La plupart du temps, pour former le féminin des mots, on ajoute un ____. Exemple : vert, ________________.

b Les noms et les adjectifs masculins terminés par **er** se terminent par ____ au féminin. Exemple : léger, ________________.

c Les noms et les adjectifs masculins terminés par **et** se terminent par __________ ou bien _________ au féminin. Exemples : muet, ________________; complet, ______________.

d Les noms et les adjectifs masculins terminés par **x** se terminent par _____ au féminin. Exemple : chanceux, ________________, sauf **doux** qui devient _________________ et **roux** qui devient ________________.

e Les noms et les adjectifs masculins terminés par **f** se terminent par ____ au féminin. Exemple : vif, ________________.

f Les noms et les adjectifs masculins terminés par **on**, **en**, **el** et **eil** ________________ la consonne finale au féminin. Exemples : lion, ______________; sien, ________________; actuel, ______________; vermeil, ____________________.

g La plupart des noms et des adjectifs masculins terminés par **eur** se terminent par _______ au féminin. Exemple : skieur, _________.

h La plupart des noms et des adjectifs terminés par **teur** au masculin se terminent par ______________ au féminin. Exemple : acteur, ______________, sauf quelques-uns comme chanteur, ____________.

i) Certains noms masculins terminés par **e** se terminent par ________ au féminin. Exemple : prince, ________________.

2 **Écris au masculin ou au féminin selon le cas.**

Exemple : Une élève attentive, un élève attentif.

a) Cette enfant courageuse, ______________________________.

b) Quel hôte accueillant ! ______________________________!

c) Un bon lecteur, ______________________________.

d) L'institutrice rieuse, ______________________________.

e) Mon frère cadet, ______________________________.

f) Ce musicien coquet, ______________________________.

3 **Garçon ou fille ? Chaque phrase contient un indice.**

a) Je m'appelle Dominique ; j'ai les yeux noirs et les cheveux blonds. J'ai beaucoup aimé Cuba où je suis allée l'hiver dernier.

Dominique est une fille ☐ un garçon ☐ Indice : ________________

b) J'aimerais bien savoir quelle élève n'a pas remis son devoir.

L'élève est une fille ☐ un garçon ☐ Indice : ________________

c) L'artiste grecque a disparu avant que j'aie pu lui dire adieu.

L'artiste est une fille ☐ un garçon ☐ Indice : ________________

LE NOMBRE

1 **Complète les règles et les exemples.**

a La plupart du temps, pour former le pluriel des noms et des adjectifs, on ajoute un ____. Exemple : un loup, des ____________.

b Les noms et les adjectifs terminés par **s**, **x** ou **z** au singulier restent ____________ au pluriel. Exemples : une souris, des ____________ ; une noix, des ____________ ; un nez, des ____________.

c Les noms et les adjectifs terminés par **eu** et **au** prennent un ____ au pluriel. Exemples : un feu, des ____________ ; un noyau, des ____________.

Sauf **bleu**, **pneu**, **sarrau** et **landau** qui prennent un ____.

d Les noms et les adjectifs terminés par **ail** prennent un ____ au pluriel. Exemple : un chandail, des ____________.

Sauf : un bail, des ____________ ; un corail, des ____________ ; un émail, des ____________ ; un travail, des ____________ ; un soupirail, des ____________ ; un vitrail, des ____________.

e Les noms et les adjectifs terminés par **ou** prennent un ____ au pluriel. Exemple : un fou, des ____________.

Sauf : des bijou____, des caillou____, des chou____, des genou____, des hibou____, des joujou____, des pou____.

f Les noms et les adjectifs terminés par **al** changent **al** en ____ au pluriel. Exemple : un cheval, des ____________.

Sauf : un bal, des ____________ ; un carnaval, des ____________ ; un cérémonial, des ____________ ; un chacal, des ____________ ; un festival, des ____________ ; un récital, des ____________ ; un régal, des ____________ ; banal, ____________ ; fatal, ____________ ; natal, ____________ ; naval, ____________.

2 Mets au pluriel.

a Leur bijou bleu, ______________________________.

b Cet éventail gris, ______________________________.

c Quel beau travail ! ______________________________!

d Ce jeu régional, ______________________________.

e Un tribunal national, ______________________________.

f Un frère jumeau, ______________________________.

g Le portail central, ______________________________.

h Son œil curieux, ______________________________.

3 Ajoute la marque du pluriel si nécessaire.

a J'ai rempli un panier de bleuet ____ bien plein ____.

b J'ai rempli un panier de bleuet ____ bien mûr ____.

c J'ai acheté un sac de pomme ____.

d J'ai acheté un sac de farine ____.

e J'ai trouvé un chien et un chat perdu ____.

f J'ai trouvé une chienne et un chat perdu ____.

g J'ai mis des bas brun ____.

h J'ai mis des bas brun ____ foncé ____.

i J'ai regardé les oiseau ____ bleu ____ vert ____.

j J'ai taillé des crayon ____ rouge ____.

k J'ai entendu une meute de loup ____.

LES NOMBRES EN TOUTES LETTRES

Les nombres composés inférieurs à cent prennent un trait d'union s'ils ne sont pas reliés par **et** (vingt-deux / vingt **et** un).

1 Ajoute un **trait d'union** ou **et** selon le cas.

quatre ____ vingt ____ un	vingt ____ quatre	soixante ____ un
quatre ____ vingts	quarante ____ un	trente ____ trois
cinquante ____ cinq	dix ____ sept	vingt ____ un

Les nombres sont toujours invariables, sauf **vingt** et **cent** lorsqu'ils sont multipliés et qu'ils ne sont pas suivis d'un autre nombre (deux cent**s**, quatre-vingt**s**, deux cent un, quatre-vingt-un).

2 **Écris les nombres en lettres.**

a) Les 4 ________________ mousquetaires.

b) Les 7 ________________ merveilles du monde.

c) Ali Baba et les 40 ______________________ voleurs.

d) Ses 11 ________________ derniers chiens étaient des labradors.

e) Il faudra rentrer avant les 12 ________________ coups de minuit.

f) Je me suis mis sur mon 31 ________________________________.

g) Ce sont les 100 ________________ derniers jours d'école.

h) Ce sont les 200 _____________________ premiers jours de l'année.

i) Les 101 ________________________ dalmatiens.

j) J'ai compté 900 ___________________________ moutons avant de m'endormir.

k) Ce livre a 280 ____ pages.

l) Il y a 366 ____ jours dans une année bissextile.

m) Ma grand-mère a 80 ____________________________ ans.

n) Mon grand-père a 84 ________________________________ ans.

o) Son arrière-grand-mère a 90 ____________________________ ans.

p) Cette maison a 484 ______________________________________ ans.

LES MAJUSCULES

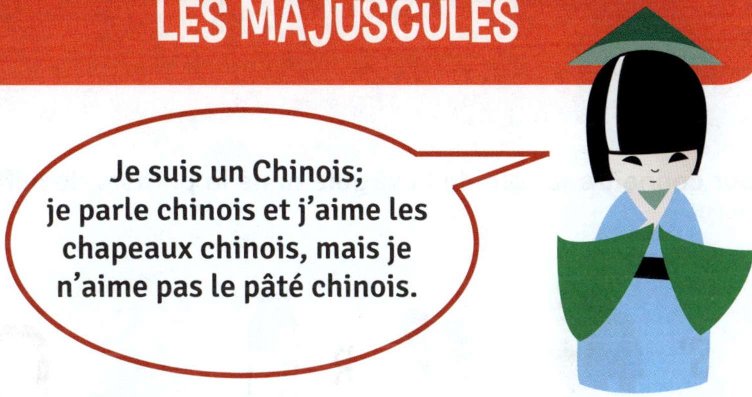

1 **Au-dessus de chaque mot souligné, indique s'il s'agit d'un nom propre (NP) ou d'un adjectif (Adj).**

a) Les chats siamois ont été importés de Siam.

b) Andréa aime beaucoup les mets italiens. Elle pense que les Italiens servent les meilleurs desserts.

c) Le carnaval de Venise réchauffe le cœur des Vénitiens pendant l'hiver.

d) Il reste peu de pandas en Chine. Les Chinois les protègent en les conduisant dans des forêts de bambous.

e) Mon amie a un ancêtre allemand, mais elle est de citoyenneté française.

2 **Entoure les noms propres et souligne les adjectifs des textes suivants.**

QUAND JE SUIS ALLÉE EN ITALIE, J'AI RENCONTRÉ UN CHINOIS. IL M'A DIT QUE LES PÂTES ALIMENTAIRES NE SONT PAS D'ORIGINE ITALIENNE MAIS QU'ELLES VIENNENT DE CHINE.

AMIKA EST D'ORIGINE ALGÉRIENNE ET DEMEURE A LIÈGE. ELLE ÉTUDIE À BRUXELLES ET PARLE TRÈS BIEN FRANÇAIS. AVEC SES PARENTS, ELLE S'EXPRIME PARFOIS EN ARABE.

SPÉCIAL VIRGULE

1 **Pour connaître le rôle de la virgule dans la phrase, déchiffre les rébus.**

A.

B.

C.
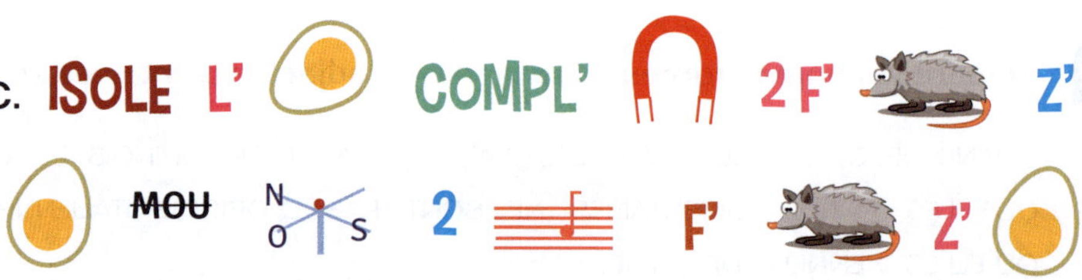

2 **En te servant de l'exercice précédent, écris dans les parenthèses la lettre correspondant à l'une des trois fonctions de la virgule.**

C'était une femme à l'antique avec la coiffe de piqué,(____) la robe à plis et les ciseaux d'argent pendus à la ceinture. Elle régentait tout le monde: les gens,(____) le chien,(____) les canards et les poules. Quant à moi,(____) j'étais gourmandé du matin au soir. Je suis doux cependant et bien facile à conduire. N'importe! Elle grondait. C'est que,(____) m'adorant en secret,(____) elle croyait cacher ainsi ce sentiment d'adoration qui jaillissait,(____) à la moindre occasion, (____) de toute sa personne.

Henri Bosco, *L'enfant et la rivière,* Gallimard, 1953.

3 **Ajoute les virgules. Indique dans les parenthèses la lettre correspondant à la règle que tu as appliquée.**

Exemple: Le serpent se nourrit d'œufs d'oiseaux, de grenouilles, d'insectes, de souris et d'autres bestioles. (A)

a Pour ne pas paraître suspect aux yeux des autres Jérémie retourne s'asseoir calmement. (____)

b Tu es méchante égoïste énervante et j'en oublie! (____)

c Laurence se lève dévale les marches court dans tous les sens en cherchant désespérément la sortie. (____)

d Une nuit de pleine lune alors que tout le monde dormait je décidai que les circonstances étaient propices à mon enquête. (____)

SPÉCIAL HOMOPHONES

Je suis la reine de Laponie.

Je suis un renne de Laponie.

Quel est l'oiseau qui donne du lait ?

La **pie**
(le **pis** d'une vache)

Le vert reposant de la feuille
Le ver luisant de la terre
Le vers éblouissant du poète
Le verre grossissant de la loupe
Le vair caressant de la pantoufle
Vive l'hiver, vive la mer !

NE PAS CONFONDRE
SES, CES, C'EST, S'EST, SAIS (SAIT)

Ses est un déterminant qui indique à qui appartient ce dont on parle.
Ces est un déterminant qui sert à montrer.
C'est est formé à partir du pronom démonstratif **c'** et du verbe **être** à l'indicatif présent.
S'est est formé à partir du pronom personnel **s'** et du verbe **être** à l'indicatif présent.
Sais (sait) est le verbe **savoir** à l'indicatif présent.

1 **Complète les phrases en choisissant l'un des éléments suivants.**

ses ces c'est sais sait s'est

- **a** Cyrille ____________ multiplier les nombres décimaux.
- **b** Joséphine ____________ bien amusée.
- **c** ____________ toi qui as gagné.
- **d** ____________ feux d'artifice-là sont fascinants.
- **e** Elle a perdu ____________ mitaines.
- **f** Pierre a senti la terre trembler sous ____________ pieds.
- **g** Natacha ____________ où elle passera ____________ vacances.
- **h** ____________ Jean de La Fontaine qui a écrit « Le corbeau et le renard ».
- **i** Je ne ____________ pas faire les divisions.
- **j** ____________ un problème trop difficile à résoudre.
- **k** Le chat ____________ empêtré dans les fils.
- **l** Qu'est-ce que ____________ ?

NE PAS CONFONDRE MA ET M'A (M'AS), TA ET T'A

1 **Coche la case qui convient. Inspire-toi de l'exemple.**

1) Pronom personnel et auxiliaire avoir.
2) Déterminant possessif.
A) Peut être remplacé par sa.
B) Peut être remplacé par m'avais.
C) Peut être remplacé par t'avait.

Exemple :	1	2	A	B	C
Ma cousine est timbrée.	☐	☒	☒	☐	☐
a Elle t'a appris à chanter.	☐	☐	☐	☐	☐
b Ta sœur m'énerve.	☐	☐	☐	☐	☐
c Tu m'as tout raconté.	☐	☐	☐	☐	☐
d M'as-tu entendu rentrer ?	☐	☐	☐	☐	☐

2 **Complète les phrases par ma, m'a (m'as), ta ou t'a.**

a Pourquoi __________ -tu téléphoné ?

b Je ne comprends pas __________ plaisanterie.

c Tu __________ fait bien rire en me racontant ton histoire.

d Et toi, est-ce qu'il __________ invité ?

e Voudrais-tu me rendre __________ bicyclette ?

f Tu __________ donné un très joli cadeau.

g __________ valise est aussi lourde que la mienne.

NE PAS CONFONDRE A (AS) ET À

1 **Coche la case qui convient. Inspire-toi de l'exemple.**

1) Verbe avoir à l'indicatif présent.
2) Préposition.
A) Peut être remplacé par avait.
B) Ne peut pas être remplacé par avait (avais).

	1	2	A	B
Exemple :				
Le navire s'en va à la dérive.	☐	☒	☐	☒
a Il lui a fait peur.	☐	☐	☐	☐
b À qui voulez-vous parler ?	☐	☐	☐	☐
c Il a oublié son sac.	☐	☐	☐	☐
d Elle est à Chicoutimi.	☐	☐	☐	☐
e A-t-il compris ?	☐	☐	☐	☐

2 **Complète les phrases par a (as) ou à.**

a Le spectacle ______ eu lieu ______ la Place des Arts.

b Quand elle s'est mise ______ chanter, la foule lui ______ lancé des fleurs.

c Un drôle de bruit m' ______ réveillé brusquement.

d Y ______-t-il une solution ______ ton problème ?

e Tu lui ______ donné un bon conseil.

f ______ Pâques, je suis allé ______ la campagne.

NE PAS CONFONDRE SI ET S'Y

Si est un mot de liaison qui indique une **condition**.
Si peut également être un adverbe qui signifie **tellement**.
S'y précède un verbe. Dans ce cas, le « s » remplace **se** (pronom personnel) et le « y » (adverbe ou pronom) remplace **là** ou **cela**.

1 **Complète les phrases par si ou s'y.**

a Je viendrai ______ j'ai le temps.

b Je suis ______ heureux !

c Comment faut-il ______ rendre ?

d ______ j'avais su, je serais resté chez moi.

e J'y serais bien allé ______ on m'avait invité.

f On ne ______ attendait pas.

g Il ______ fera à la longue.

h Qui ______ frotte ______ pique.

i Il ne sait pas ______ prendre avec ce bébé.

j On est ______ bien ensemble !

k Comment fait-il pour ______ retrouver ?

NE PAS CONFONDRE QUEL(S), QUELLE(S) ET QU'ELLE(S)

Quel(s), **quelle(s)** sont des déterminants. Ils prennent le genre et le nombre du nom qu'ils accompagnent.
Qu'elle(s) est formé de la conjonction **que** et du pronom personnel **elle(s)**. Il peut être remplacé par **qu'il(s)**.
Qu'elle(s) peut également être formé du pronom relatif **que** et du pronom personnel **elle(s)**. Il peut être remplacé par **qu'il(s)**.

1 **Complète les phrases par quel(s), quelle(s) ou qu'elle(s).**

a) ______________ mouche l'a piqué ?
b) Je crois ______________ est malade.
c) ______________ sportif, ce garçon !
d) C'est le livre ______________ a lu.
e) ______________ y soit, cela m'importe peu.
f) ______________ est la réponse à cette question ?
g) ______________ festin !
h) Elles m'ont dit ______________ viendraient plus tard.
i) Sais-tu ______________ films il a vus ?
j) As-tu remarqué le collier ______________ portait ?
k) On ne sait pas dans ______________ maison il habite.
l) ______________ genre d'amis fréquentes-tu ?

TOUT, DÉTERMINANT OU ADVERBE ?

1 **Tout** devant un nom ou un déterminant est un déterminant indéfini qui reçoit son genre et son nombre du nom qu'il accompagne (tout le jour / tous les jours / toute la journée).

Accorde le déterminant tout.

________ les matins	________ la vie	________ la mer
________ manifestation	________ les nuits	________ ses frères
________ les étoiles	________ le jour	________ la vérité
________ mes amies	________ ces jeux	________ la nuit

Tout, devant un verbe ou un adjectif, est un adverbe et il reste invariable. On le reconnaît en le remplaçant par **tout à fait** (Elle est tout endormie).

2 **Écris correctement l'adverbe tout.**

Ils sont tou___ découragés.	Ces chiens ont l'air tou___ malheureux.
Il est tou___ découragé.	Ils sont tou___ rouges.
Il est tou___ hirsute.	Ma sœur semble tou___ enthousiaste.
Elle est tou___ enjouée.	Elle est tou___ énervée.
Il est tou___ étonné.	Son amie est tou___ éberluée.
Sa voix est tou___ enrouée.	Il est tou___ content.

CORRIGÉS

PAGES 3 ET 4 LES PRONOMS POSSESSIFS ET DÉMONSTRATIFS

1. **Masculin:** le mien - **les miens** - **le tien** - les tiens - le sien - **les siens** - **le nôtre** - les nôtres - le vôtre - **les vôtres** - **le leur** - les leurs.
Féminin: **la mienne** - les miennes - la tienne - **les tiennes** - **la sienne** - les siennes - la nôtre - **les nôtres** - **la vôtre** - les vôtres - la leur - **les leurs**
2. **Masculin:** celui - **ceux** - celui-là - **celui-ci** - **ceux-ci** - ceux-là.
Féminin: **celle** - celles - **celle-là** - celle-ci - celles-ci - **celles-là**. **Neutre:** ce - **ceci** - **cela** - ça - c'.
3. a) Même si ces croquis n'étaient pas les miens, je me réjouissais à l'idée que les créations seraient les nôtres.
b) Cette exposition me plaît davantage que celle de l'année dernière.
c) Je parlais à ceux qui ne m'écoutaient pas et cela m'attrista.
d) Ces fleurs sont magnifiques, mais celle-ci n'est pas la vôtre.
e) J'ai pesté fort contre ces lunettes avant de comprendre que c'étaient les tiennes.
f) Celui qui boira mon chocolat me donnera le sien.
4. Ce sont eux qui ont gagné. C'est toi qui as gagné.
Ce sont elles qui ont gagné. C'est lui qui a gagné.

PAGES 5 À 7 LES PRONOMS RELATIFS

1. Je souffre d'une maladie dont on guérit difficilement: la passion de la photo. Bien qu'elle soit encombrante et sérieuse, je la suis partout où elle me mène. C'est elle qui m'a conduit dans ce champ terne, duquel je ne peux rien tirer de bon. Les arbres, dénudés comme des bananes sans pelure, grelottent sous une pluie glacée, laquelle me transperce la peau, que j'ai plutôt sensible. Mais je reste là, transi; il y a des émotions auxquelles je fais confiance depuis longtemps. Voilà, un arc-en-ciel splendide apparaît entre les nuages gris, desquels il semble tirer toute sa luminosité. Le déclic de l'appareil me fait l'effet d'une caresse au cœur. En revenant vers la maison, j'aperçois mon père, trempé, tenant sous son parapluie une toile sur laquelle figure un croquis de l'arc-en-ciel que je viens de croquer. La maladie dont je souffre est héréditaire...
2. a) dont b) que c) que d) dont e) que f) dont g) dont h) que

PAGES 8 À 10 LES ADVERBES

1. c
2. trop: adverbe de quantité; lentement: adverbe de manière; beaucoup: adverbe de quantité; jamais: adverbe de temps; maintenant: adverbe de temps; partout: adverbe de lieu
3. a) attentivement b) adroitement c) courageusement d) silencieusement
e) malicieusement f) doucement
4. ~~avancement~~ - ~~manquement~~ - ~~renouvellement~~ - ~~commencement~~
(Ce sont des noms parmi des adverbes.)
5. a) aussitôt - mieux b) vaguement c) terriblement d) très e) beaucoup - trop
f) plutôt - bien g) aussi h) vraiment

PAGES 11 ET 12 LES MOTS DE LIAISON

1. a) Léa veut devenir cantatrice / **ou** technicienne en informatique. / **mais** elle devra déménager à Montréal. / **car** elle s'intéresse beaucoup à l'opéra. b) Hugo adore bricoler/ **mais** il est plutôt maladroit. / **et** il aime y passer de longues heures. / **lorsque** sa journée de travail est terminée.
c) Rébecca ira en Espagne / **parce qu'**elle désire apprendre l'espagnol. / **même si** son médecin le lui interdit. / **dès qu'**elle se sentira mieux.
2. **Temps:** avant que – dès que **Addition:** et **But:** pour que **Cause:** puisque – car **Opposition:** mais – même si

PAGE 13 LES PRÉPOSITIONS

1. La fille **de** mes voisins vit **avec** ses grands-parents. Il se dirige **vers** la salle **pour** manger. Nous nous réunissons **dans** la cour **pour** jouer. Les buis sont plantés **devant** les parterres **de** fleurs.
2. A corriger par un adulte

PAGE 14 LA CONJONCTION DE COORDINATION

1. a) ou b) donc c) et d) mais e) car

PAGE 15 LA CLASSE DE MOTS

1. jour : nom commun
   un : dét. article indéfini
   arriva : verbe d'action arriver
   et : conjonction de coordination
   magique : adjectif qualificatif
   les : déterminant article défini
   hors de : (préposition) locution prépositive
   se moquèrent : verbe d'action pronominal se moquer
   lui : pronom personnel
   il : pronom personnel
   les : pronom personnel
   dans : préposition
   qui : pronom relatif
   se referma : verbe d'action pronominal se refermer
   doucement : adverbe de manière
   après : préposition
   leur : déterminant possessif
   celle-ci : pronom démonstratif
   fermée : participe passé du verbe d'action fermer
   à : préposition

PAGE 16 LES QUATRE TYPES DE LA PHRASE

1. A 2 - B 3 - C 4 - D 1
2. a) D b) B c) D d) A e) A f) C g) B h) A i) C j) C

LES FORMES DE PHRASES

PAGE 17 LA FORME POSITIVE ET LA FORME NÉGATIVE

1. a) Ses explications étaient compliquées. b) Ton histoire était incohérente. c) Ariel est toujours absent quand on a besoin de lui. d) Ce sentier est inaccessible pendant l'hiver. e) Le trajet qu'il nous a dessiné est imprécis.

PAGE 18 À 20 LA FORME ACTIVE ET LA FORME PASSIVE

1. a) Le chien poursuit le chat. b) Le chat est poursuivi par le chien
2. a) Le chien est poursuivi par le chat b) Le chat poursuit le chien
3. a) voix passive b) voix active c) voix active d) voix passive e) voix active
4. — rouge — bleu
   a) Des camions sont passés par cette route. b) Ces enfants sont protégés par ce vaccin.
   c) Mes parents sont venus en train. d) Ces voitures gênent la circulation.
   e) La pièce était chauffée par deux radiateurs.
5. a) Le médecin prescrit des antibiotiques (CD). **Des antibiotiques sont prescrits par le médecin.**
   b) Le vent secoue les branches (CD). **Les branches sont secouées par le vent.**
   c) La tour de contrôle guide les avions (CD). **Les avions sont guidés par la tour de contrôle.**
6. a) La France est séparée de l'Italie par les Alpes (c. d'agent). **Les Alpes séparent la France et l'Italie.**
   b) b. Le sang est filtré par les reins (c. d'agent). **Les reins filtrent le sang**
   c) Beaucoup d'accidents sont provoqués par des conducteurs négligents (c. d'agent). **Des conducteurs négligents provoquent beaucoup d'accidents.**
   d) Le bateau est emporté par les courants (c. d'agent). **Les courants emportent le bateau.**

PAGES 21 ET 22 LA FORME ACTIVE ET LA FORME PASSIVE

1. a) Mais oui, cette voiture a démoli notre barrière !
   b) Voici le poste de radio que Marc a réparé.
   c) C'est le jouet que tu as cassé.
   d) Mes parents préfèrent les vacances à la montagne.
   e) C'est au théâtre que je préfère aller.
   f) Ce mois-ci, nous irons camper en Bretagne.
2. a) 1) Ce sont mes amis qui viendront voir le match avec moi.
      2) C'est le match que mes amis viendront voir avec moi.
      ou C'est avec moi que mes amis viendront voir le match.
   b) 1) Voici le vieil homme qui nous a raconté une histoire de son temps.
      ou C'est le vieil homme qui nous a raconté une histoire de son temps.
      2) C'est une histoire de son temps que le vieil homme nous a raconté.
      ou C'est à nous que le vieil homme a raconté une histoire de son temps.
3. a) J'ai construit cette cabane avec mon ami.
   b) Cet antiquaire a restauré l'armoire.
   c) Tu m'as demandé les résultats.
   d) Mes parents sont revenus de vacances ce jour-là.
4. A vérifier par un adulte.

PAGE 23 TYPES ET FORMES DE LA PHRASE

	Types	Formes		
a)	déclarative	affirmative	active	neutre
b)	déclarative	négative	passive	neutre
c)	déclarative	affirmative	active	emphatique
d)	interrogative	affirmative	active	emphatique
e)	déclarative	négative	active	neutre
f)	déclarative	affirmative	passive	neutre
g)	déclarative	affirmative	passive	emphatique
h)	interrogative	affirmative	active	emphatique
i)	déclarative	négative	passive	emphatique

PAGE 24 PHRASES D'ACTION ET PHRASES D'ÉTAT

soulignés = GS

a) Le temps devient vraiment froid.
E

b) Les fleurs éclosent dans les champs.
A

c) La campagne est recouverte par un brouillard épais.
P

d) Dans le ciel, quelques nuages demeurent.
E

e) Tout redevient immobile.
E

PAGES 25 ET 26 PHRASES SIMPLES ET PHRASES COMPOSÉES

1.

Gr sujet	**Gr verbe**	**Gr complément**
Louis	travaille	avec soin car il prend son temps

2. a) Ce jeu convient aux enfants. Ce jeu convient aux adultes.
   b) Ma montre indique les minutes. Ma montre indique les secondes.
   c) Le garagiste téléphone à son fournisseur. Le garagiste commande des plaquettes de freins.

3. a) Les parents sont partis en voiture et les enfants à pied.
b) Le technicien a réparé la machine à lessiver et la radio.
c) Le professeur parle aux élèves et aux parents.
d) Le gardien de but plonge trop tard et rate le ballon.
e) La voiture a dérapé et a glissé dans le virage.

PAGES 27 ET 28 LA PROPOSITION INDÉPENDANTE

1. a) Les enfants jouent dans la cour.
b) Ils sont contents.
c) Le panneau de basket est réparé.
2. a) Laure feuilletait un album de photos (et) Pierre regardait la télévision.
Laure feuilletait un album de photos. Pierre regardait la télévision.
b) J'ai terminé mon devoir (donc) je peux aller chez mon ami (car) il a reçu un nouveau jeu.
J'ai terminé mon devoir.
Je peux aller chez mon ami.
Il a reçu un nouveau jeu.
c) Le facteur effectue sa tournée (mais) il ne s'arrête pas (car) il a encore beaucoup de travail.
Le facteur effectue sa tournée.
Il ne s'arrête pas.
Il a encore beaucoup de travail.

PAGES 29 ET 30 ACTIONS SUCCESSIVES - ACTIONS SIMULTANÉES

1. a) actions simultanées b) actions simultanées c) actions simultanées
d) actions successives e) actions successives
2. a) Tu boiras (2) le thé que Louise vient (1) de te servir.
b) J'ai reçu (1) de l'argent et je l'ai glissé (2) dans mon portefeuille.
c) Parce qu'il avait neigé (1), les voitures roulaient (2) au pas.
d) Lorsque le vigile arrivait (1), ils couraient (2) se cacher.
3. A corriger par un adulte.
4. A corriger par un adulte.

PAGES 31 ET 32 LA CONCORDANCE DES TEMPS

1. a) Ils jouaient → ils avaient joué (Imparfait – Plus-que-parfait)
b) Tu regarderas → tu auras regardé (Futur simple – Futur antérieur)
c) Elle avança → elle eut avancé (Passé simple – Passé antérieur)
d) Nous commençons → nous avons commencé (Présent – Passé composé)
e) Vous déjeunerez → vous aurez déjeuné (Futur simple – Futur antérieur)
2. a) Ils Les enfants joueront dès que la cloche aura sonné.
b) Les enfants jouaient dès que la cloche avait sonné.
c) Les enfants jouèrent dès que la cloche eut sonné.
d) Les enfants jouent dès que la cloche a sonné.
3. a) Le chat miaulera dès qu'il aura senti son plat de nourriture.
b) Elle recevra la lettre que nous lui aurons envoyée.
b) Tu gagneras cette partie car ton adversaire ne se sera pas concentré.
4. a) Elle mangeait la tarte que nous avions cuisinée.
b) Lorsque Maurice eut lu ce livre, il en parla pendant plusieurs jours.
b) Je me calmai dès que tu eus cessé tes bêtises.
5. A corriger par un adulte.

PAGE 33 LE PARTICIPE PRÉSENT

1. **a)** J'attends le car venant du centre-ville. **b)** Il écoute sa mère racontant une histoire. **c)** Lou préfère les glaçons ayant un goût sucré.
1. **a)** faisant **b)** prenant **c)** mettant **d)** étant **e)** pouvant **f)** finissant **g)** ayant **h)** nettoyant **i)** allant **j)** buvant.

PAGES 34 ET 35 LA CONJUGAISON DES VERBES EN -ER (COMME AIMER)

1. Ils jouent (1) – Nous travaillions (2) – Elle posa (3) – Nous avons changé (4) – Tu achèterais (8) – J'ai boudé (4) – Parle (6) – Il arriva (3) – Nous terminerions (8) – Vous avez aimé (4) – Tu as gagné (4) – Je chanterai (5) – Vous copiiez (2) – Ils éveilleraient (8) – Il semait (2) – Je suis arrivé (4) – Tu nageras (5) – J'arrivais (2) – Ils rêvèrent (3) – Tu paraderas (5) – Que vous chantiez (7)
2. **a)** ont hurlé **b)** avons patiné **c)** aideras **d)** bêlaient **e)** jouiez **f)** chantent **g)** achèterai **h)** réveillerais **i)** arrivèrent **j)** terminerons

PAGES 36 ET 37 LA CONJUGAISON DES VERBES EN -IR (COMME FINIR)

1. **a)** 2 **b)** 2 **c)** 1 ou 3 **d)** 3 **e)** 4 **f)** 4 **g)** 4 **h)** 5 **i)** 5 **j)** 5 **k)** 2 **l)** 2 **m)** 5 **n)** 5 **o)** 6 **p)** 6 **q)** 8 **r)** 8 **s)** 7 **t)** 7
2. **a)** guérisses **b)** ont applaudi **c)** salissez **d)** réfléchiras **e)** chérissait **f)** a rougi **g)** finirent **h)** bâtissions **i)** se sentira **j)** refroidira **k)** as fini

PAGE 38 LA CONJUGAISON DES AUTRES VERBES

1. **Tu devras**, devoir, 2e personne du singulier, indicatif futur simple. **Il pourrait**, pouvoir, 3e personne du singulier, indicatif conditionnel présent. **J'ai su**, savoir, 1re personne du singulier, indicatif passé composé. **Je voudrais**, vouloir, 1re personne du singulier, indicatif conditionnel présent. **Qu'ils partent**, partir, 3e personne du pluriel, subjonctif présent. **Il prit**, prendre, 3e personne du singulier, indicatif passé simple. **Ils virent**, voir, 3e personne du pluriel, indicatif passé simple.
2. **a)** est parti **b)** verrons **c)** avons reçu **d)** devrais **e)** veuille **f)** rends

PAGES 39 ET 40 LE COMPLÉMENT DU NOM

1. **a)** Une voix d'enfant. **b)** Des cris de joie. **c)** Le carnaval de Venise. **d)** La crise du pétrole. **e)** Une fête de village. **f)** Ma gymnastique du matin.
2. **a)** Le soleil du matin illumine le milieu de la pièce. **b)** C'est le premier jour de l'été que je l'ai rencontré. **c)** Tous les élèves de cinquième année sont partis. **d)** Les habitants du village étaient plongés en plein conflit. **e)** Gabriel admirait le défilé des chevaliers. **f)** Il est passé par un trou de souris. **g)** Sa maison se trouvait à l'orée du bois. **h)** Ils nous ont lancé des tartes à la crème. **i)** Dans la pénombre des arbres, la silhouette de l'homme semble menaçante.

PAGES 41 ET 42 LE GROUPE SUJET

1. **a)** Les voyageurs en transit **sont** priés de se présenter à la porte B. **b)** La sœur de Pierre et Paul **arrive** demain. **c)** Félix et Antoine vous **remercient** de les avoir aidés. **d)** Je **pense** que tu me **racontes** des histoires. **e)** Est-ce que ton frère **viendra**? **f)** Une femme en manteau noir **disparut** à l'angle de la rue.
2. **a)** Dans certaines régions de France, quand l'automne arrive, tout le monde se prépare pour les vendanges.
   b) Dès qu'arrive le vent d'octobre, les talus sont parsemés de marrons et de châtaignes.
   c) Qua mangerez-vous ce soir ?
   d) A nos pieds tombent les premières pommes.
   e) Heureux étaient nos parents quand nous revenions avec de beaux résultats.
3. A vérifier par un adulte

PAGE 43 LE GROUPE DU VERBE

1. **a)** Marianne m'accompagnera au cinéma. **b)** Il a fait une faute d'orthographe. **c)** Matthieu s'enfuit à toute allure. **d)** La voisine de Gaston est trompettiste. **e)** Emmanuel et son frère parlent trop fort. **f)** La semaine prochaine, je téléphonerai à mes cousins. **g)** Agathe perd toujours ses lunettes. **h)** Après la partie, notre entraîneur nous a fait un long discours.

PAGE 44 L'ACCORD DU VERBE

1. **a)** Maxime les **observe** attentivement. **b)** Les gens du village **parlent** souvent des voyous qui volent les pauvres paysans. **c)** La femme et son mari **marmonnent** constamment. **d)** Nous vous **rappelons** pour vous donner l'heure du rendez-vous. **e)** Je vous les **recommande**, ils sont tout à fait charmants ! **f)** Monsieur Legigôt, vêtu d'un sarrau blanc, **songe** à l'incident étrange.

PAGE 45 LE GROUPE SUJET PLACÉ APRÈS LE VERBE

1. **a)** Soudain, d'un coin de la cuisine **surgirent** des milliers de petites araignées, trottant allègrement sur les carreaux. **b)** De ces fleurs bleues **montait** un parfum exquis. **c)** Que **voulez**-vous insinuer par là ? **d)** Tout à coup, de derrière un buisson **jaillit** un étrange petit lézard. **e)** Prend un coussin, **dit** Marine, et assieds-toi par terre. **f)** Peut-être **partirons**-nous demain. **g)** Dans ses yeux, **brillait** une lueur de grande satisfaction. **h)** Sur la grande table au centre de la pièce **s'amoncellent** des plats aussi exotiques que savoureux.

PAGES 46 ET 47 LE PRONOM QUI, SUJET

1. Un verbe dont le sujet est le pronom relatif **qui** reçoit sa personne et son nombre de l'antécédent* de **qui**.
*C'est-à-dire le mot remplacé par **qui**.
2. Voyez cette fourmi qui avance d'un pas pressé ! Observez ces deux petites branches qui se balancent au-dessus de sa tête. Ce sont ses antennes. Elles tâtent le sol qui se trouve sur sa route. En fait, ses antennes, qui sont composées de plusieurs sections, sont destinées à recevoir des messages de haute importance ! La section qui se trouve à la pointe de ses antennes détecte les odeurs de son nid, alors que la partie antérieure lui permet de déceler les odeurs de ses congénères. Il y a d'autres sections qui lui permettent d'évaluer le poids des choses à transporter, comme la nourriture et les bébés fourmis. Enfin, c'est la dernière section qui la conduit droit au bercail !
3. **a)** suis **b)** avez **c)** désiraient **d)** parais **e)** avons respecté
4. **a)** eux ou elles - moi **b)** nous - toi **c)** vous - nous **d)** lui

PAGES 48 ET 50 LES COMPLÉMENTS DU VERBE

1. (bleu – **vert**) **a)** Mon cousin habite **dans un château** **b) Ils ont pris l'autobus à quatre heures devant** l'hôtel de ville. **c)** Dès qu'il reviendra, je **lui** dirai ma façon de penser. **d)** Il se conduit **comme un homme des cavernes**. **e)** L'année dernière, je mesurais **un mètre cinquante**. **f)** Pour dissiper tout soupçon, son ami le força à mentir. **g)** Aussitôt revenue, Astrid téléphona **à l'inspecteur**. **h)** La fourrure du lièvre le protège **du froid**. **i)** Cette bicyclette coûte **cinquante euros.** **j)** Demain, je raconterai tout **à Joseph**. **k)** Je ne me souviens pas **de lui**. **l)** Ses collègues doutaient **de sa bonne foi**.
2. **a)** J'ai vu Louis à l'instant où il partait de chez Lou. **nom propre**
b) Pour réparer sa moto, Marc a emprunté une clé anglaise. **groupe nominal**
c) Comme Louis était ennuyé, papa l'a conseillé. **pronom personnel**
d) Je ne crois pas que nous la verrons demain. **proposition**
e) Lorna espère devenir médecin. **infinitif**
f) L'été dernier, nous avons planté de nouveaux rosiers. **groupe nominal**
g) La couturière ajuste la robe que maman vient d'acheter. **Proposition**

3. a) Nous (**l'**)avons entendu Robert lors de son audition.
b) Sa tante (**l'**)ignorait qu'il faisait si froid.
c) Nous (**les** ou **en**) étudions plusieurs matières chaque jour.
d) Hier, j'(**y**) ai cru qu'il allait partir.
e) Les parents (**s'en**) se souviennent qu'étudier est difficile.

4. A vérifier par un adulte.

PAGES 51 ET 52 LES COMPLÉMENTS DE PHRASE

1. a) Elle est allée à Paris le mois dernier (CT). b) La semaine dernière (CT), j'ai acheté une bicyclette.
c) J'ai vu des dizaines d'oiseaux dans mon jardin (CL). d) Dimanche (CT), nous traverserons le fleuve.
e) Pour te plaire (CBut), j'ai cueilli un bouquet de primevères. f) Noémie mit ses bottes et partit en pleine tempête de neige (CL). g) J'ai retrouvé mon chat dans la cave (CL). h) Sam a réveillé toute la maison en jouant de la clarinette (CM). i) L'année dernière (CT), je mesurais 1 m 60.

2. A vérifier par un adulte.

PAGES 53 ET 54 L'ATTRIBUT

1. Devenir - sembler - demeurer - rester
2. a) Elles paraissent vieilles dans leur déguisement. b) La ville semblait déserte.
c) Cette montagne est minuscule comparé au mont Everest.
d) Vous êtes vaillants, mais vous êtes lents. e) Elle devient coquette.
f) Agathe paraissait préoccupée.
3. Cocher les phrases a, c, d.

PAGES 55 ET 56 L'ACCORD DU PARTICIPE PASSÉ EMPLOYÉ AVEC ÊTRE

1. Je suis fâché/fâchée – Tu es fâché/fâchée – Il est fâché – Elle est fâchée – Ils sont fâchés – Elles sont fâchées
2. b) 2 c) 3 d) 1
3. a) 3 b) 4 c) 1 d) 2
4. a) Elle est parti**e** sans prévenir. b) Les feuilles seront éparpillé**es** par le vent. c) Elle avait été éduqué**e** en France. d) Ils étaient parti**s** au pas de course. e) Si Hélène était venu**e**, elle se serait bien amusé**e**. f) Cette enfant pleure et désire être réconforté**e**. g) Gabrielle est devenu**e** très sage. h) Nous étions fatigué**s** d'avoir marché si longtemps. i) L'homme et la femme étaient vêtu**s** de leurs plus beaux habits. j) Les animaux furent ramené**s** dans leur habitat naturel.

PAGES 57 ET 58 LE GENRE

1. a) e - verte b) ère - légère c) ette - ète - muette - complète
d) se - chanceuse - douce - rousse e) ve - vive f) doublent - lionne - sienne - actuelle - vermeille
g) euse - skieuse h) trice - actrice - chanteuse i) esse - princesse
2. a) cet enfant courageux b) Quelle hôtesse accueillante c) une bonne lectrice
d) l'instituteur rieur e) ma sœur cadette f) cette musicienne coquette
3. a) fille - allé**e** b) fille - quel**le** c) fille - grec**que**

PAGES 59 ET 60 LE NOMBRE

1. a) s - loups b) invariables - souris - noix - nez c) x - feux - noyaux - s d) s - chandails - baux - coraux - émaux - travaux - soupiraux - vitraux e) s - fous - bijou**x** - caillou**x** - chou**x** - genou**x** - hibou**x** - joujou**x** - pou**x** f) aux - chevaux - bals - carnavals - cérémonials - chacals - festivals - récitals - régals - banals - fatals - natals - navals
2. a) leurs bijoux bleus b) ces éventails gris c) Quels beaux travaux d) ces jeux régionaux
e) des tribunaux nationaux f) des frères jumeaux g) les portails centraux h) ses yeux curieux

3. **a)** bleuet**s** - plein (C'est **le** panier qui est plein.) **b)** bleuet**s** - mûrs (Ce sont **les** bleuet**s** qui sont mûrs.) **c)** pomme**s** (Il y a plusieurs pommes dans un sac.) **d)** farine (La farine ne se compte pas.) **e)** perdu**s** **f)** perdu**s** **g)** brun**s** **h)** brun foncé (Si deux mots sont employés pour désigner une couleur, ils restent au singulier.) **i)** oiseau**x** bleu vert (Si deux mots sont employés pour désigner une couleur, ils restent au singulier.) **j)** crayon**s** rouge**s** **k)** loup**s**

PAGES 61 ET 62 LES NOMBRES EN TOUTES LETTRES

1. quatre-vingt-un; vingt-quatre; soixante et un; quatre-vingts; quarante et un; trente-trois; cinquante-cinq; dix-sept; vingt et un.

2. **a)** quatre **b)** sept **c)** quarante **d)** onze **e)** douze **f)** trente et un **g)** cent **h)** deux cents **i)** cent un **j)** neuf cents **k)** deux cent quatre-vingts **l)** trois cent soixante-six **m)** quatre-vingts **n)** quatre-vingt-quatre **o)** nonante **p)** quatre cent quatre-vingt-quatre

PAGES 63 LES MAJUSCULES

1. **a)** siamois (Adj) - Siam (NP) **b)** italiens (Adj) - Italiens (NP) **c)** Venise (NP) - Vénitiens (NP) **d)** Chine (NP) - Chinois (NP) **e)** allemand (Adj) - française (Adj)

2. Quand je suis allée en **Italie**, j'ai rencontré un **Chinois**. Il m'a dit que les pâtes alimentaires ne sont pas d'origine italienne mais qu'elles proviennent de **Chine**. **Amika** est d'origine algérienne et demeure à **Liège**. Elle étudie à **Bruxelles** et parle très bien français. Avec ses parents, elle s'exprime parfois en arabe.

PAGES 64 ET 65 SPÉCIAL VIRGULE

1. **A.** Sépare les éléments d'une énumération. **B.** Isole un mot ou un groupe de mots. **C.** Isole le complément de phrase du reste de la phrase.

2. **(A) (A) (A) (B) (B) (B) (C) (C)**

3. **a)** Pour ne pas paraître suspect aux yeux des autres**,** Jérémie retourne s'asseoir calmement. (C) **b)** Tu es méchante**,** égoïste**,** énervante et j'en oublie! (A) **c)** Laurence se lève**,** dévale les marches**,** court dans tous les sens en cherchant désespérément la sortie. (A) **d)** Une nuit de pleine lune**,** alors que tout le monde dormait**,** je décidai que les circonstances étaient propices à mon enquête. (C)

PAGE 67 NE PAS CONFONDRE SES, CES, C'EST, S'EST, SAIS (SAIT)

1. **a)** sait **b)** s'est **c)** C'est **d)** Ces **e)** ses **f)** ses **g)** sait-ses **h)** C'est **i)** sais **j)** C'est **k)** s'est **l)** c'est

PAGE 68 NE PAS CONFONDRE MA ET M'A (M'AS), TA ET T'A

1. **a)** 1 C **b)** 2 A **c)** 1 B **d)** 1 B

2. **a)** m'as **b)** ta **c)** m'as **d)** t'a e) ma **f)** m'as **g)** Ta

PAGE 69 NE PAS CONFONDRE A(AS) ET À

1. **a)** 1 A **b)** 2 B **c)** 1 A **d)** 2 B **e)** 1 A

2. **a)** a-à **b)** à-a **c)** a **d)** a-à **e)** as **f)** À

PAGE 70 NE PAS CONFONDRE SI ET S'Y

1. **a)** si **b)** si **c)** s'y **d)** Si **e)** si **f)** s'y **g)** s'y **h)** s'y-s'y **i)** s'y **j)** si **k)** s'y

PAGE 71 NE PAS CONFONDRE QUEL(S), QUELLE(S) ET QU'ELLES(S)

1. **a)** Quelle **b)** qu'elle **c)** Quel **d)** qu'elle **e)** Qu'elle **f)** Quelle **g)** Quel **h)** qu'elles **i)** quels **j)** qu'elle **k)** quelle **l)** Quel

PAGE 72 TOUT, DÉTERMINANT OU ADVERBE?

1. tous les matins – toute la vie – toute la mer – toute manifestation – toutes les nuits – tous ses frères - toutes les étoiles – tout le jour – toute la vérité – toutes mes amis – tous ces jeux – toute la nuit

2. Ils sont tous découragés. Ces chiens ont l'air tout malheureux. Il est tout découragé.
Ils sont tout rouges. Il est toute hirsute. Ma soeur semble tout enthousiaste.
Elle est tout enjouée. Elle est tout énervée. Il est tout étonné. Son amie est tout éberluée.
Sa voix est tout enrouée. Il est tout content.